LES TUNIQUES BLEUES

DES BLEUS ET DES TUNIQUES

dessins: Louis Salvérius scénario: Raoul Cauvin

DUPUIS

I.S.B.N. 2 - 8001 - 0501 - 1

DUPUIS

MARCINELLE-CHARLEROI ★ PARIS ★ MONTREAL ★ BRUXELLES ★ SITTARD

des bleus et des tuniques

QUAND DEVONS-NOUS PARTIR, MON COMMANDANT?
SUR LE-CHAMP! IL FAUT QUE VOUS LES AYEZ REJOINTES AVANT LA NUIT!
SQUADRON LEADER
AH! ENCORE UNE CHOSE, CES JEUNES GENS N'ONT JAMAIS COMBATTU, LA PLUPART D'ENTRE EUX N'ONT MÊME JAMAIS VU UN INDIEN! SUR LE CHEMIN DU RETOUR, TÂCHEZ D'EN FAIRE DES HOMMES! JE VOUDRAIS QU'ILS NE SOIENT PAS TROP DÉPAYSÉS EN ARRIVANT ICI!
COMPTEZ SUR MOI, MON COMMANDANT!
HÉLAS!
SQUADRON LEADER
BRYAN! BLUTCH! TRIPPS! PLUME D'ARGENT!
ÇA Y EST, LES GARS! LE VIEUX M'A CONFIÉ UNE MISSION!
NOOON! IL OSE ENCORE?
QUE VOULEZ-VOUS DIRE, CAPORAL BLUTCH?
QU'ON VA ENCORE AVOIR UN TAS D'ENNUIS. CETTE MISSION, QU'EST-CE QUE C'EST, AU JUSTE?
2A
UN TRUC TOUT SIMPLE! ON VA CHERCHER DES JEUNES RECRUES AUX MONTAGNES DU DRAGON ET ON LES RAMÈNE AU FORT!
C'EST TOUT?
C'EST TOUT!
ALORS D'ACCORD! JE PARS AVEC VOUS!
LE COMMANDANT M'A DIT QU'EN CHEMIN, IL FALLAIT EN FAIRE DES HOMMES, DES DURS, DES TUNIQUES BLEUES, QUOI!
ET POUR ÇA, CROYEZ-MOI, LES GARS! J'AI MON IDÉE!
?
BLUTCH! REVENEZ, OU JE VOUS TRANSFORME EN GRUYÈRE!
VOUS N'AVEZ PAS HONTE DE VOULOIR DÉSERTER COMME ÇA, POUR UN OUI POUR UN NON?
JE NE DÉSERTE PAS! JE FUIS VOS IDÉES BÊTES ET RIDICULES!
2B

MAIS, SACRÉE TÊTE DE MULE, PUISQUE JE VOUS RÉPÈTE QUE C'EST TOUT SIMPLE ! C'EST PLUME D'ARGENT QUI VA FAIRE LA PLUS GROSSE PARTIE DU BOULOT !
VOUS EN VOULEZ À NOTRE ÉCLAIREUR, À PRÉSENT ?
ÉCOUTEZ ! PLUME D'ARGENT VA RETOURNER DANS SA TRIBU POUR LEUR DEMANDER DE
HEIN ? QU'EST-CE QUE VOUS EN PENSEZ ?
BLUTCH, MON PETIT, RÉPONDEZ-MOI !
ÇA A L'AIR GÉNIAL ! C'EST ÇA QUI M'INQUIÈTE !
TU NE PARLES PAS BEAUCOUP, BLUTCH !
JE RÉFLÉCHIS ! ET PLUS JE RÉFLÉCHIS, PLUS J'AI DES DOUTES !
ALORS C'EST BIEN COMPRIS ! NOUS T'ATTENDRONS LÀ-BAS, DEMAIN, À LA PREMIÈRE HEURE !
UGH ! MON FRÈRE CORNÉLIUS PEUT COMPTER SUR MOI !
3A
QUANT À NOUS, IL FAUDRA NOUS GROUILLER SI NOUS VOULONS LES REJOINDRE AVANT LA NUIT !
VOUS N'ALLEZ PAS ME CROIRE, LES GARS, MAIS PLUS JE LE VOIS SÛR DE LUI, PLUS JE ME SENS INQUIET !
BLUTCH, T'ES LE ROI DES PESSIMISTES !
ET PUIS C'EST PAS TOUS LES JOURS QU'IL EST HEUREUX COMME ÇA !
LALALA LALADILA
ON DIRAIT VRAIMENT QUE ÇA T'ENNUIE DE LE VOIR AINSI !
QUI ? MOI ?
DOBIE BILL AU GRAND SOLEIL...
... CHEVAUCHAIT PAR LE CAN...
PFFF ! QU'EST-CE QUI VOUS FAIT CROIRE ÇA ?
POC
DOBIE BILL AU GRAND SOLEIL CHEVAUCHAIT PAR LE CANYON...
!
3B

PENDANT CE TEMPS DANS UN PETIT PUEBLO...
PLUME D'ARGENT! UGH! COMMENT VAS-TU, MON FRÈRE?
YOUYOUEEH!
MON FRÈRE BLANC, CORNÉLIUS, A BESOIN DE NOUS. IL VOUDRAIT QU'ON LUI RENDE UN PETIT SERVICE!
QUE LE GRAND CONSEIL SE RÉUNISSE! NOUS ALLONS ÉCOUTER CE QUE VA NOUS PROPOSER PLUME D'ARGENT!
MAISON de la CULTURE
ET BIENTÔT...
PARLE, MON FRÈRE! NOUS T'ÉCOUTONS!
MON FRÈRE BLANC VOUDRAIT QUE NOUS ATTAQUIONS PATROUILLE DES TUNIQUES BLEUES DEMAIN AUX PREMIÈRES LUEURS DE L'AUBE!
UGH! MAIS NOUS, PUEBLOS, SOMMES EN PAIX AVEC LES BLANCS!
JE SAIS! MES FRÈRES ONT RAISON! MAIS ATTAQUE ÊTRE UN SIMULACRE! NOUS FAIRE SEMBLANT!
AH? DIS-NOUS QUI EST SIMULACRE?
UN CHEF BLANC?
CHH! LAISSEZ-LE PARLER!
JE ME DEMANDE SI LES PUEBLOS ACCEPTERONT DE MARCHER DANS LE COUP!
NON! NE TIRE PAS, BLUTCH! TU VOIS BIEN QU'IL PLAISANTE!
POUR ÇA, ON PEUT FAIRE CONFIANCE À PLUME D'ARGENT! IL CONNAÎT BIEN SON AFFAIRE, LUI! CE N'EST PAS COMME LE CRÉTIN QUI SE TRAÎNE, POUR LE MOMENT EN QUEUE DE PELOTON!

SI J'AI BIEN COMPRIS, PLUME D'ARGENT VOUDRAIT QU'ON AIDE SIMULACRE À FAIRE SEMBLANT D'ATTAQUER PATROUILLE DE FRÈRE BLANC! QUE MON FRÈRE SE RETIRE! LE CONSEIL VA DÉCIDER!
UGH!
UGH!
UGH!
?
LES HEURES ONT PASSÉ...
ÇA Y EST, LES GARS! LES VOILÀ! ON VA LEUR FAIRE UNE SURPRISE! PIED À TERRE!
HÉ, RÉGIS, T'AS ENTENDU?
OUAIP! ÇA VENAIT DE PAR LÀ!
UN COYOTE, SANS DOUTE!
UN COYOTE MUNI D'UN LANCE-PIERRES, C'EST PLUTÔT RARE!
POC
5A
PLANQUEZ-VOUS! JE CROIS QU'ON VA RECEVOIR DE LA VISITE!
KURT, ÉTEIGNEZ LE FEU!
REGARDEZ-LES COURIR! HAHAHA! SACRÉE BLEUSAILLE, VA!
FAUT AVOUER QU'ILS NE S'EN TIRENT PAS MAL, HEIN, SERGENT!
OUAIS! OÙ SONT-ILS? À PRÉSENT, ON NE LES VOIT PLUS!
VOUS ALLEZ LE SAVOIR DE SUITE!
JE SUIS CERTAIN QUE POUR LE MOMENT ILS DOIVENT AVOIR UN DOIGT TOUT BLANC, CRISPÉ SUR LA GÂCHETTE DE LEUR COLT! IL SUFFIRA D'UN RIEN POUR...
LES BRAS EN L'AIR! ET SURTOUT, PAS UN GESTE!
? ? ? ?
5B

HÉ ! NE TIREZ PAS ! ILS SONT DES NÔTRES !
LA PATROUILLE QUI DEVAIT VENIR À NOTRE RENCONTRE, SANS DOUTE !
CESSEZ DE RIGOLER, BLUTCH ! SINON, JE VOUS GARANTIS QUE VOTRE GROS PIF VA DOUBLER DE VOLUME !
ON A L'AIR MALINS !
C'EST DANGEREUX CE QUE VOUS AVEZ FAIT LÀ ! VOUS AURIEZ PU VOUS FAIRE DESCENDRE !
RETENEZ BIEN CECI, MES GAILLARDS ! LA BALLE QUI ÉTENDRA RAIDE CORNÉLIUS CHESTERFIELD N'EST PAS ENCORE FONDUE !
QU'EST-CE QU'IL A VOULU DIRE ?
QUEL EST L'OFFICIER QUI COMMANDE VOTRE GROUPE ?
C'EST MOI, SERGENT ! LIEUTENANT HARRY HOGAN !
6A
ÉCOUTEZ-MOI BIEN, MON LIEUTENANT. LOIN DE MOI DE VOUS DONNER DES ORDRES, MAIS LA RÉGION EST INFESTÉE D'INDIENS ! AVEZ-VOUS DÉJÀ VU UN INDIEN ?
À VRAI DIRE...
DANS CE CAS, IL VAUDRAIT MIEUX ME FAIRE CONFIANCE ET VOUS FIER ENTIÈREMENT À MOI !
BIEN, SERGENT. JE VOUS PRIE D'OUBLIER MON GRADE ET D'AGIR COMME BON VOUS SEMBLERA !
OÙ SONT VOS CHEVAUX ?
LÀ-DERRIÈRE, AVEC LE CHARIOT !
LE CHARIOT ?
VINGT FUSILS À RÉPÉTITION QUE NOUS DEVONS REMETTRE À VOTRE GARNISON ! DES ARMES SPLENDIDES !
PENDANT CE TEMPS...
UGH ! MON FRÈRE PLUME D'ARGENT VEUT-IL RENTRER ET RECOMMENCER SON HISTOIRE ? LE GRAND CONSEIL NE COMPREND PAS BIEN CE QUE FRÈRE CORNÉLIUS DÉSIRE !
6B

@☆B⁉ SI LES COMANCHES APPRENAIENT QUE VOUS TRANSPORTEZ DE TELS OUTILS, ILS NE TARDERAIENT PAS À NOUS TOMBER DESSUS !
ALORS MIEUX VAUT QU'ILS L'IGNORENT LE PLUS LONGTEMPS POSSIBLE !
MON LIEUTENANT ! IL Y A UN TAS DE FEUX SUR LA COLLINE !
SACREBLEU ! LES INDIENS !
DIABLE ! PLUME D'ARGENT A FAIT DRÔLEMENT VITE !
QU'EN PENSEZ-VOUS, SERGENT ? À MON AVIS, IL VAUDRAIT MIEUX SE METTRE EN ROUTE DE SUITE ET...
BAH ! ILS DOIVENT ÊTRE UNE BONNE DIZAINE ! JAMAIS ILS N'OSERONT NOUS ATTAQUER !
QUE TOUT LE MONDE SE REPOSE ! NOUS REPRENDRONS LA ROUTE DEMAIN !
J'ADMIRE VOTRE CALME, SERGENT ! MAIS ÊTES-VOUS BIEN SÛR QUE...?
MON LIEUTENANT ! DOUTERIEZ-VOUS D'UNE EXPÉRIENCE DE PLUS DE QUINZE ANNÉES DE GUERRES INDIENNES ? MMM ?
EUH... BIEN !
DANS LE FOND, VOUS VOUS Y CONNAISSEZ MIEUX QUE MOI !
DITES, SERGENT ! VOUS NE TROUVEZ PAS ÉTRANGE LE NOMBRE DE FEUX SUR CES COLLINES ?
LÀ, JE DOIS AVOUER QUE PLUME D'ARGENT A MIS LE PAQUET ! C'EST MÊME PLUS QU'IL N'EN FAUT ! EN TOUT CAS, DEMAIN, JE SENS QU'ON VA RIGOLER !
LE LENDEMAIN, À L'AUBE...
SERGENT ! SERGENT !
HÉHÉHÉ ! ÇA Y EST ! ÇA COMMENCE !

UNE BONNE DIZAINE, DISIEZ-VOUS ?
ILS SONT PLUS D'UNE CENTAINE ! MAIS OÙ DONC CET IMBÉCILE DE PLUME D'ARGENT A-T-IL ÉTÉ CHERCHER TOUT ÇA ?
VOUS NOUS AVEZ MIS DANS DE BEAUX DRAPS ! QU'EST-CE QU'ON VA FAIRE, MAINTENANT ?
DU CALME ! DU CALME ! CE N'EST PAS UNE POIGNÉE D'INDIENS QUI VA VOUS FAIRE PEUR !
UNE POIGNÉE ? VOUS EN AVEZ DE BONNES, VOUS !
DÉTELLEZ LES CHEVAUX ! RENVERSEZ LE CHARIOT ET ABRITEZ-VOUS DERRIÈRE ! NE TIREZ QUE SI JE VOUS EN DONNE L'ORDRE !
QUAND ILS CHARGERONT, TIREZ EN L'AIR POUR LES EFFRAYER !
Héhé ! C'est fou ce que je m'amuse !
HEIN ? MAIS VOUS, ÊTES FOU !
LÀ, MON LIEUTENANT, VOUS ME PEINEZ ! SI VOUS N'AVEZ PAS CONFIANCE...
BON ! BON ! J'ESPÈRE SEULEMENT QUE VOUS SAVEZ CE QUE VOUS FAITES !

ATTENTION! ILS ATTAQUENT!
EH! MAIS... SERGENT, CE SONT DES...
LA FERME, BLUTCH! SI VOUS AVEZ PEUR, CACHEZ-VOUS AU FOND DU CHARIOT!
MAIS...HO... ET PUIS, ZUT!
BRYAN, TRIPPS, SUIVEZ-MOI! NOUS ALLONS LEUR EN METTRE PLEIN LA VUE À CES BLEUS!
O.K., SERGENT!
ON VOUS SUIT!
AVOUEZ, MON LIEUTENANT, QUE CES HOMMES ONT DU CRAN!
C'EST DE LA FOLIE!
PAN
HAHAHA! C'EST FOU CE QU'ON RIT...
9A
MAIS CE NE SONT PAS DES PUEBLOS!
DES COMANCHES! EN ARRIÈRE, TOUT LE MONDE!
BRYAN!
HAAAA
TCHAC
TIREZ! MAIS TIREZ DONC, BANDE D'ABRUTIS! QU'EST-CE QUE VOUS ATTENDEZ?
PAW
9B

PAW PAW
PAW PAW
PAW PAW
PAS EN L'AIR, IDIOTS! TIREZ DANS LE TAS!
MAIS, SERGENT, VOUS AVIEZ DIT...
PAW
PAW
JE ME FICHE DE CE QUE J'AI DIT! TIREZ!
DITES-MOI, SERGENT! QUE SIGNIFIE CETTE COMÉDIE?
PAW
POUVEZ PAS COMPRENDRE, MON LIEUTENANT! C'EST UNE AFFREUSE MÉPRISE!
JE VOUS L'AVAIS DIT! JE VOUS L'AVAIS DIT QU'ON AURAIT DES ENNUIS!
PAW
PAW
10A
TOI, LA FERME, HEIN!
CRAC
SERGENT! J'IGNORE CE QUI SE PASSE ENTRE VOUS DEUX! MAIS POUR LE MOMENT, JE VOUS ORDONNE DE VOUS OCCUPER DE L'ENNEMI!
B...BIEN, MON LIEUTENANT!
PAW PAW PAW
HOULOULOULO
HOULOULOU
PLUME D'ARGENT! JE LE RETIENS, CELUI-LÀ!
PAW PAW PAW PAW PAW
10B

CEPENDANT, NON LOIN DE LÀ...
MES FRÈRES PUEBLOS AURAIENT TOUT DE MÊME PU SE DÉCIDER PLUS TÔT !
J'ESPÈRE QUE FRÈRE CORNÉLIUS AURA PATIENCE D'ATTENDRE PLUME D'ARGENT !
UGH ! LE SOLEIL EST À PEINE LEVÉ !
MON LIEUTENANT, ON DIRAIT QU'ILS ABANDONNENT ! REGARDEZ ! ILS BATTENT EN RETRAITE !
NOUS L'AVONS ÉCHAPPÉ BELLE ! TOUT ÇA PAR VOTRE FAUTE, IMBÉCILE !
JE VOUS JURE QUE J'IGNORAIS QUE...
11A
SUFFIT ! VOUS ET VOS QUINZE ANNÉES D'EXPÉRIENCE SUR LES GUERRES INDIENNES... AH ! JE VOUS RETIENS ! OCCUPEZ-VOUS PLUTÔT DU BLESSÉ !
IL VA FALLOIR EXTRAIRE LA FLÈCHE...
EH, BLUTCH, Y A DU BOULOT POUR TOI !
OUAIP ! C'EST POUR LUI QUE JE LE FAIS ! PARCE QUE VOUS, SERGENT, QUAND VOUS AUREZ UNE FLÈCHE PLANTÉE QUELQUE PART, JE L'ENFONCERAI JOYEUSEMENT À COUPS DE MAILLET !
BOIS UN COUP ET MORDS LÀ-DEDANS, VIEUX ! TU VAS EN AVOIR BESOIN !
DITES-MOI, QUE S'EST-IL DONC PASSÉ ENTRE VOUS ET LE CAPORAL ? POURQUOI VOUS DÉTESTE-T-IL À CE POINT ?
IL ME DÉTESTE, LUI ? VOYONS, QU'EST-CE QUI VOUS FAIT CROIRE ÇA ?
11B

CHEZ LES COMANCHES...
TAKAWOTÉ! MONO, MONO, MONO!
?
UGH! NOUS Y SOMMES! PAR LE GRAND MANITOU, ILS SONT ENCORE LÀ!
PLUME D'ARGENT SE FAIT TOUJOURS DE LA BILE POUR RIEN!
ATTENTION! QUE MES FRÈRES N'OUBLIENT PAS DE TIRER EN L'AIR POUR NE PAS BLESSER VISAGES PÂLES!
UGH! MES FRÈRES SONT-ILS PRÊTS?
PRÊT!
UGH!
?
ALORS ALLONS-Y!
YAAAAAA
ÇA Y EST! ILS REMETTENT ÇA!
DÉJÀ?
EH! MAIS...
NE TIREZ PAS! C'EST PLUME D'ARGENT!
HA! VOUS, ÇA VA, HEIN! VOUS N'ALLEZ PAS RECOMMENCER!

FEU!
HO NOOON!
PAW PAW PAW PAW PAW PAW
?
?
?
S'IL VOUS PLAÎT, MON LIEUTENANT, CESSEZ LE FEU! ON VA ESSAYER DE VOUS EXPLIQUER!
COMMENT?! VOUS AUSSI?!
ALORS? MON FRÈRE A-T-IL UNE EXPLICATION À ME DONNER?
BEN... EUH... JE NE COMPRENDS PAS... POURTANT FRÈRE CORNÉLIUS M'AVAIT DIT...
13A
FRÈRE BLANC A LA LANGUE AUSSI FOURCHUE QU'UNE FOURCHETTE, COMME TOUS CEUX DE SA RACE, D'AILLEURS! IL NOUS TIRE DESSUS, DONC JE TIRE DESSUS!
TRÈS BIEN! J'ATTENDS VOS EXPLICATIONS!
VOILÀ! IL FAUT D'ABORD QUE VOUS SACHIEZ QUE LES PUEBLOS SONT NOS AMIS...
LAISSEZ, TRIPPS, JE VAIS CONTINUER!
PAW
AAAAAH
VOS AMIS, HEIN? INUTILE DE CONTINUER, SERGENT, J'AI COMPRIS!
FEU!
PAW PAW PAW PAW PAW PAW
UGH! C'EST UN MALENTENDU! C'EST ÇA! C'EST CERTAINEMENT UN MALENTENDU!
QUE PLUME D'ARGENT SE TAISE, OU JE LUI ÉCRASE MON TOMAHAWK SUR LE CRÂNE!
13B

VOUS POUVEZ VOUS VANTER DE NOUS AVOIR FOURRÉS DANS UN JOLI PÉTRIN! BRYAN D'ABORD, TRIPPS ENSUITE... AH! BRAVO! C'EST DU JOLI!
BLUTCH, JE VOUDRAIS VOUS DEMANDER UN PETIT SERVICE!
QUOI? JAMAIS! JA-MAIS! VOUS M'ENTENDEZ? PLUTÔT TOMBER RAIDE MORT!
C'EST QUOI COMME SERVICE?
PRENEZ VOTRE REVOLVER ET LOGEZ-MOI UNE BALLE DANS LA TÊTE!
HAAA!
AAAH! CE N'ÉTAIT QUE ÇA? FALLAIT LE DIRE DE SUITE, SERGENT! UN INSTANT, TRIPPS, JE REVIENS DANS QUELQUES SECONDES!
FAIS VITE, BLUTCH!
AU LIEU DE FAIRE LE PITRE, SERGENT, VOUS FERIEZ MIEUX DE REGAGNER VOTRE POSTE!
TROUBLE-FÊTE, VA!
B... BIEN, MON LIEUTENANT!
14A
SI VOUS ESSAYEZ ENCORE D'OUVRIR LA BOUCHE POUR ME DONNER UN DE VOS STUPIDES CONSEILS, JE VOUS FAIS FUSILLER SUR-LE-CHAMP!
PENDANT CE TEMPS, CHEZ LES PUEBLOS...
PLUME D'ARGENT DEVRA RÉPONDRE DE SES ACTES DEVANT LE GRAND CONSEIL!
AÏEAÏE! ÇA VA ÊTRE MA FÊTE!
OH!
LES COMANCHES!
QUE LE CHEF DES PUEBLOS SE RASSURE! OEIL DE CYCLOPE N'EST PAS VENU POUR LE COMBATTRE, MAIS POUR S'ASSOCIER AVEC LUI!
14B

LES COMANCHES ONT ASSISTÉ À LA LUTTE MENÉE PAR LES PUEBLOS CONTRE LES TUNIQUES BLEUES. LES COMANCHES AUSSI ONT COMBATTU LES TUNIQUES BLEUES ET, COMME NOS FRÈRES PUEBLOS, ONT DÛ BATTRE EN RETRAITE !
AH ! PARDON ! NOUS N'AVONS PAS BATTU EN RETRAITE ! NOUS SOMMES REVENUS POUR NOUS CONCERTER...
JE COMMENCE À COMPRENDRE...
...SUR LE SORT RÉSERVÉ À PLUME D'ARGENT ! IL A TRAHI, IL DOIT MOURIR ! À LUI DE CHOISIR ! MON TOMAHAWK SUR LE CRÂNE OU PENDU PAR LES DOIGTS DE PIED !
?
NE LE LAISSEZ PAS S'ÉCHAPPER !
HIHAN !
J'AI CHOISI !
15A
MON LIEUTENANT ! UN INDIEN POURSUIVI PAR DES INDIENS !
QU'EST-CE QU'ON FAIT, MON LIEUTENANT ?
C'EST PEUT-ÊTRE UN PIÈGE ! JE NE VEUX PRENDRE AUCUN RISQUE. TIREZ DANS LE TAS !
15B
JE NE VOUS LE CONSEILLE PAS !
?

HEIN! VOUS ÊTES FOU, SERGENT! COMMENT OSEZ-VOUS?
IL FAUT FAIRE QUELQUE CHOSE, SERGENT! DANS UNE SECONDE, ILS SERONT SUR NOUS!
TIREZ SUR LES POURSUIVANTS! MAIS ATTENTION! LE PREMIER QUI TOUCHE PLUME D'ARGENT, JE LUI BRISE MON REVOLVER SUR LES GENCIVES!
SERGENT...
...VOUS ÊTES BON POUR LE CONSEIL DE GUERRE! ET JE ME FERAI UN PLAISIR DE COMMANDER LE PELOTON D'EXÉCUTION!
PAW PAW PAW PAW PAW
16A
BAISSEZ-VOUS!
IL NOUS ÉCHAPPE!
DEMAIN, AUX PREMIÈRES LUEURS DE L'AUBE, NOUS REVIENDRONS EN FORCE! PAR MANITOU, IL N'EN RÉCHAPPERA AUCUN!
...ÉCOUTEZ, JE VAIS FAIRE UN GROS EFFORT POUR... POUR RESTER CALME... LES INDIENS SE SONT RETIRÉS, CE QUI NOUS LAISSE UN INSTANT DE RÉPIT... SI NOUS EN PROFITIONS POUR METTRE QUELQUES PETITES CHOSES AU POINT! MMM?
?
PLUME D'ARGENT! COMMENT ÇA VA, VIEUX FRÈRE?
CONSEIL POUR CONSEIL, LE MIEN VEUT MA PEAU!
UGH! ÇA PEUT ALLER MIEUX! LE GRAND CONSEIL VEUT MON SCALP!
16B

LES HEURES ONT PASSÉ... APRÈS DE LONGUES ET LABORIEUSES EXPLICATIONS...
AINSI C'ÉTAIT ÇA! BRAVO, SERGENT! VOTRE PLAN ÉTAIT GÉNIAL... VOUS VOULIEZ FAIRE DE NOUS DES HOMMES; VOUS AVEZ RÉUSSI! BIENTÔT, NOUS SERONS DES HOMMES... MORTS!
JE NE POUVAIS PAS PRÉVOIR L'ARRIVÉE DE CES ✱☆✱✱ DE COMANCHES!
ATTIRÉS PAR LES FUSILS, SANS DOUTE!
IL FAUT TROUVER UN MOYEN POUR NOUS SORTIR D'ICI, ET VITE!
ÉCOUTEZ! JE CROIS AVOIR UNE IDÉE!
HA?
QUOI?
MAIS LAISSEZ-LE PARLER, VOYONS!
AH NON! ON NE VA PAS REMETTRE ÇA... MMGNIDJIII...
17A
ALLEZ-Y, SERGENT, JE VOUS ÉCOUTE!
N'ATTENDONS PAS DEMAIN, ALLONS LES SURPRENDRE.
HEIN! MAIS COMMENT?
EN LES ATTAQUANT!
QUAND?
CETTE NUIT!
À COMBIEN?
À TROIS!
QU'EST-CE QUE JE VOUS AVAIS DIT! IL EST FOU!
EXPLIQUEZ-VOUS, SERGENT!
PLUS TARD...
BONNE CHANCE, SERGENT!
ACTIVEZ LE FEU! IL FAUT QU'ILS NOUS CROIENT TOUJOURS ICI!
C'EST PAS POSSIBLE. IL SERA DIT QUE JE MOURRAI AVANT L'ÂGE!
AUX PREMIERS COUPS DE FEU, REDRESSEZ LE CHARIOT ET FUYEZ, NE VOUS OCCUPEZ PAS DE NOUS, ON SE DÉBROUILLERA...
BEN, TIENS!
17B

PEU APRÈS...
CESSEZ DE RÂLER COMME ÇA, BLUTCH, ON RISQUE DE VOUS ENTENDRE !
JE NE RÂLE PAS! JE PRIE !
CHHT
À TOI DE JOUER, PLUME D'ARGENT !
BEN...ET MOI ?
VOYONS, BLUTCH, C'EST PAS DU TRAVAIL D'AMATEUR !
PAF
ÇA, AU MOINS, C'EST DU BOULOT !
UGH! ON PEUT Y ALLER !
18A
ILS ONT INSTALLÉ LEUR CAMP JUSTE EN BAS DE CETTE FALAISE !
SI NOUS PARVENIONS À CHASSER LEURS CHEVAUX, NOUS AURIONS PEUT-ÊTRE UNE CHANCE DE NOUS EN TIRER !
UNE CHANCE SUR MILLE ! ON EST DE GROS GÂTÉS !!!
UGH ! IL FAUT PRENDRE LE RISQUE !
18B

BON ! BLUTCH PAR ICI, PLUME D'ARGENT PAR LÀ ! MÉFIEZ-VOUS DES SENTINELLES ! CHACUN POUR SOI ET RENDEZ-VOUS AU FORT !
SI JE VEUX REDORER MON BLASON TERNI PAR UNE TONNE DE GUIGNE, C'EST LE MOMENT OU JAMAIS !
CLOP
BONG
AÏE
19A
HMM !
IL Y EN A QUI NAISSENT AVEC LA CHANCE. MOI, JE SUIS NÉ AVEC LA POISSE ET JE MOURRAI AVEC !
19B

PENDANT CE TEMPS...
HÉ!
!
JE VIENS DE VOIR LE SERGENT! IL S'EST FAIT PINCER!
UGH! PAS LE TEMPS DE S'EN OCCUPER! FAIRE VITE!
HÉHÉ! QUI TE PARLE DE S'EN OCCUPER?
YIAYIAYIAYIA
PAW PAW PAW PAW

CLONC
ILS ONT RÉUSSI ! À MOI DE JOUER !
DONG
NE LE LAISSEZ PAS S'ÉCHAPPER ! IL ME LE FAUT MORT OU VIF !
PAW
ŒIL DE CYCLOPE ! DES GUETTEURS SIGNALENT LA DISPARITION DU CHARIOT...
... ET DES TUNIQUES BLEUES !
PAR MANITOU ! NOUS SOMMES JOUÉS !
ALORS, CAPORAL BLUTCH, ÇA A BIEN MARCHÉ ?
COMME SUR DES ROULETTES, MON LIEUTENANT ! GRÂCE AU SERGENT... HÉHÉ... IL A FAIT DIVERSION !
REGARDEZ ! LE VOILÀ JUSTEMENT !
VOTRE IDÉE ÉTAIT GÉNIALE ! JE TIENS À VOUS EN FÉLICITER !
M... MERCI, MON...
SERGENT !
BLUTCH ! TRAVAIL POUR TOI !
HÉ HÉ !
BONG

PLUS TARD...
OUAAAH! HOULOULOU! OUÏE! PAS SI FORT, IDIOT!
HÉHÉHÉ! VOYONS, SERGENT, IL FAUT BIEN QUE JE DÉSINFECTE CETTE PLAIE!
ÇA Y EST, LES GARS! VOILÀ FORT BOW!
ARRIVÉ AU FORT, JE VOUS SIGNALERAI POUR CONDUITE HÉROÏQUE DEVANT L'ENNEMI, SERGENT! J'Y TIENS!
BIEN VRAI, MON LIEUTENANT, VOUS N'ALLEZ PLUS ME FAIRE FUSILLER ?
MAIS NON, VOYONS! PUISQUE LE LIEUTENANT VOUS LE DIT! D'AILLEURS, SI ON DEVAIT FUSILLER TOUTES LES ANDOUILLES, OÙ IRAIT-ON? JE VOUS LE DEMANDE...
PAF
BAF
POUR UNE FOIS, IL A MENÉ À BIEN SA MISSION. IL VOUS A RAMENÉS SAINS ET SAUFS COMME IL L'AVAIT PROMIS. MAIS DITES-MOI, LIEUTENANT, JE NE M'EXPLIQUE PAS TRÈS BIEN LA BLESSURE DU CAPORAL BLUTCH !
HO! VOUS SAVEZ, MON COMMANDANT, C'EST LA VIE! IL Y A TANT DE CHOSES QUI NE S'EXPLIQUENT PAS!
HÉ! HÉ!
FIN

à malin, malin et demi

JE N'AIME PAS VOTRE SOURIRE STUPIDE, TRIPPS ! QUATRE JOURS !
TOC TOC
GLOP
ALORS, SERGENT ? COMMENT VA NOTRE NOUVELLE RECRUE ?
EUH... BIEN, SIR !
TCHOC
?!
?
CLING
PLUS TRENTE JOURS D'ARRÊT AU CAVALIER TRIPPS !
VOS HOMMES SEMBLENT NERVEUX, SERGENT ! *
* VOIX GLACIALE
SANS DOUTE L'INACTIVITÉ QUI LEUR PÈSE, SIR !
ILS VONT AVOIR L'OCCASION DE SE DÉFOULER, SERGENT !
TOMBSTONE
CAPORAL BLUTCH ! CAVALIERS BRYAN ET TRIPPS, EN TENUE DE COMBAT ! DÉPART IMMÉDIAT !
CLAC
C'EST MA PREMIÈRE MISSION !
FAIS UN VOEU !
OUAIP ! QUE LE SERGENT N'EN REVIENNE PAS, PAR EXEMPLE !
PELOTOOON... EEEN AVANT !
EUH... DITES, SERGENT, SERAIT-IL INDISCRET DE VOUS DEMANDER OÙ NOUS...
NON, CAPORAL BLUTCH ! JE VAIS APAISER VOTRE CURIOSITÉ MALADIVE !
SALVÉ + CALVIN

FLEUR DE CACTUS S'EST ÉCHAPPÉ DE PRISON. LE COMMANDANT PENSE QU'IL VA ESSAYER DE REJOINDRE SA TRIBU. NOUS DEVONS L'EN EMPÊCHER, SINON...
SINON?
SINON IL REVIENDRA À LA TETE DE SA TRIBU! ALORS JE NE DONNERAI PAS CHER DE VOS MINABLES SCALPS!
HÉ! SERGENT, REGARDEZ!
UN INDIEN SANS CHEVAL. CURIEUX, ÇA! BRYAN, ALLEZ VOIR DE PLUS PRÈS SI CE N'EST PAS LE GAILLARD QUE NOUS CHERCHONS!
O.K.! SERGENT.
C'EST... C'EST SÛREMENT LUI, SERGENT!
PAW
PAW
ÇA VA, IMBÉCILE! JE L'AVAIS DEVINÉ. PIED À TERRE, VOUS AUTRES!
CAPORAL BLUTCH! FAITES LUI LES SOMMATIONS RÉGLEMENTAIRES!
MOI? LES SOMMA... BIEN, SERGENT!
EUH ... HM... RENDEZ...
TCHINC CRR
...VOUS!
PAW
FRRR
ALORS?
IL REFUSE!
PIAAW
PAW
JE M'Y ATTENDAIS! BON, JE PASSE À L'ATTAQUE!
BEN... ET NOUS ?
?
JE VOUS LAISSE LE SOIN DE M'ADMIRER, BLEUSAILLES. ATTENTION, COUVREZ-MOI!
SALVÉ + CAUVIN
3B

PAW
PAW
...VAIS EN METTRE PLEIN LA VUE A CES BLEUSAILLES !
PAW
PAW
PAW
PAW
PIAAWWW
JE SENS LEURS YEUX BRAQUÉS SUR LA BEAUTÉ DE MON STYLE !
PAW
PAW
JE LES ENTENDS DÉJA...
PAW
...BRAVO, SERGENT ! SERGENT, VOUS ÊTES UN HÉROS !
PAW
PAW
4A
A' NOUS DEUX, FACE ROUGE !
!
J'AI COMME L'IMPRESSION QUE LE SERGENT VEUT S'ATTRIBUER TOUS LES HONNEURS DE LA CAPTURE !
ÇA Y EST ! IL A SAUTÉ !
ÇA T'ÉTONNE ?
MAIS... IL A RÉUSSI !
C'EST BIEN LA PREMIÈRE FOIS !
PAW
YIPEE !
?!
PAN
PAN
PAN
PIOW
MIAW
CLAC
UGH ! LE LONG COUTEAU A SAUTÉ UN MÈTRE TROP LOIN !
JE SUIS DÉSHONORÉ !
SALVÉ + CAUVIN
4B

ET VOILA ! S'IL EXISTAIT UN RÉGIMENT D'ANDOUILLES, IL N'AURAIT PAS QUE LE GRADE DE SERGENT !
QU'EST-CE QU'ON FAIT ?
ON ATTEND ! C'EST L'INDIEN QUI VA DÉCIDER !
HA... ÇA Y EST ! JE CROIS QU'IL A DÉCIDÉ !
DEMANDE LUI CE QU'IL VEUT !
QUE VOULEZ-VOUS ?
AJOUTE : S.V.P. ! AU POINT OÙ ON EN EST, AUTANT ÊTRE POLIS !
UN CHEVAL ! SINON, LONG COUTEAU... COUIC !
ENVOYEZ-LUI LE MIEN. IL NOUS RESTE UNE CHANCE !
O.K. ! CAPORAL !
5A
IL A GARDÉ LE SERGENT COMME OTAGE !
ET CETTE DERNIÈRE CHANCE, CAPORAL ?
ATTENDEZ !
?
ÇA A MARCHÉ !
QU'EST-CE QUE JE VOUS DISAIS !
OUAÏÏÏÏÏE ! OUÏE !
OCCUPEZ-VOUS DU SERGENT ! JE ME CHARGE DE L'INDIEN !
5B

ALORS, SERGENT, VOUS NE NOUS REMERCIEZ PAS ?
TANDIS QUE PLUS LOIN...
YAAA
...LES ROLES SE TROUVAIENT... EUH... INVERSÉS!
HOULOULOU LOULOU LOULOU!
YAA
ALERTE! LES INDIENS... ILS ARRIVENT!
LES QUOI?
ILS ONT DÛ ENTENDRE NOS COUPS DE FEU!
ON NE POUVAIT PAS PRÉVOIR QU'ILS VIENDRAIENT À LA RENCONTRE DE LEUR CHEF!
LOULOU LOULOU LOULOU LOULOU LOULOU
PAW
GROUILLEZ-VOUS, ILS GAGNENT SUR NOUS!
ENFIN, APRÈS UNE FOLLE POURSUITE
SAUVÉS!
SERGENT! LE COMMANDANT VOUS DEMANDE!
TOC TOC TOC
BANG
TOUTES MES FÉLICITATIONS, SERGENT! ON VOUS ENVOIE RECHERCHER UN INDIEN ET VOUS REVENEZ AVEC TOUTE UNE TRIBU. APRÈS CET ENGAGEMENT, JE PRÉSUME QUE VOUS ME FOURNIREZ UN TAS D'EXPLICATIONS?
PAN PAN PAN
QU'EST-CE QU'IL VOUS A DIT, SERGENT?
IL N'A PAS L'AIR CONTENT!
ON DIRAIT MÊME QU'IL VOUS EN VEUT!
LE PREMIER QUI OUVRE ENCORE SA GRANDE BOUCHE, JE LUI BRISE MA CARABINE SUR LE CRÂNE!
PAW PAN PAN PAW PAW PAN PAW PAN PAW PAN PAW PAW PAW PAN PAW PAW
FIN

les bleus se mettent au vert

TANDIS QUE PRES DE L'ARBRE-QUI-RESTE-TOUJOURS-VERT...
IL EN A DE BIEN BONNES, LE SERGENT ! SI LES PEAUX-ROUGES RAPPLIQUENT, NOUS N'AVONS MÊME PAS UN CANIF POUR NOUS DÉFENDRE !
"PAS UN COUP DE FEU LA VEILLE DE NOËL !" QU'IL A DIT !
J'ESPÈRE QUE SON PLAN MARCHERA ! SINON ON EST TOUS BONS POUR LA CASSEROLE !
JU...JUJU... JULIEN, NE DIS PAS ÇA !
OUAIP, LES GARS, VOUS VERREZ ! CETTE ANNÉE, ON L'AURA PAR LA RUSE, CE SAPIN ! C'EST MOI QUI VOUS LE DIS !
HA OUI ?
CLIC
OH! MAIS... VOUS ÊTES ARMÉ, BRYAN !
BEN ! JE ME SUIS DIT QUE SI ÇA TOURNAIT MAL, UN TOUT... TOUT PETIT PISTOLET...
J'AI DIT : N'EMPORTEZ AUCUNE ARME ! VU ? JETEZ ÇA !
B... BIEN, SERGENT !
YAAAAAAAAAA
ATTENTION ! LES VOILÀ !
AÏE AÏE
HOU ULOULOULOU
POURVU QUE ÇA MARCHE !
SINON, COUIIIC ! ON SE RETROUVERA AU PARADIS DES TUNIQUES BLEUES !
ATTENTION ! À MON SIGNAL...
JULIEN ! PAR PI... PITIÉ, TAIS-TOI !
Salvé + Cauvin
2A
2B

TATA RATA ♫ TATA ♫
OUA!
EN AVANT!
AÏE! AÏE!
RAAA!
IIIAA!
LES TUNIQUES BLEUES!
PAR LE GRAND MANITOU! NOUS SOMMES TROP PEU POUR LEUR TENIR TÊTE!
C'ÉTAIT UN GUET-APENS!
POURVU QUE ÇA MARCHE!
JULIEN! PAR PITIÉ TAIS-TOI!
IIIIAA
3A
IIIAAAA
HOURRA! ILS FUIENT!
ILS N'Y ONT VU QUE DU FEU!
NOUS AVONS RÉUSSI! SANS ARMES! BRAVO, SERGENT! VOUS ÊTES QUELQU'UN!
VOUS EN DOUTIEZ BLUTCH?
TAP TAP
TRÊVE DE BAVARDAGE. A NOUS LE SAPIN!
FLOUTCH
A VOUS L'HONNEUR, SERGENT!
VOUS L'AVEZ BIEN MÉRITÉ!
HOUUUUUUUUU
ÉCOUTEZ! ON DIRAIT...
JULIEN! TAIS-TOI!
?
Salvé + Cauvin
3B

LES LOUPS!
TIREZ! MAIS TIREZ DONC!
BOM BOM
AVEC QUOI? ON N'EST PAS ARMÉS!
BON SANG! JE L'AVAIS OUBLIÉ!
HOUAGRR
ET... ET MAINTENANT, QU'EST-CE QU'ON FAIT, SERGENT?
QU'EST-CE QU'ON FAIT LA VEILLE DE NOËL, IMBÉCILE?
ON CHANTE!
ET C'EST AINSI QUE LA NUIT DE NOËL DE 1860 RESTA À JAMAIS GRAVÉE DANS LES ANNALES DU 1er PELOTON DU 7e RÉGIMENT DE CAVALERIE DES ÉTATS-UNIS D'AMÉRIQUE...
N'EMPÊCHE, SI LA FLÈCHE VIENT À SE ROMPRE...
TAIS-TOI, JULIEN! PAR PITIÉ, TAIS-TOI!
NUIT ÔÔÔ SAINTE NI
ÔÔÔ DOUCE
ET VOUS, SERGENT? VOUS NE CHANTEZ PAS?
HOOUUUUUU
HOOUUUUUUU
HOOOOOOOUUUUUUOOUUU
GRRR
BOF!
FIN
Salvérius + Cauvin

tuniques bleues en liberté

ALLEZ, LES GARS! INSTALLEZ-VOUS! FAITES ICI COMME CHEZ VOUS!
EH! HOOO!
J'AI DIT: "PAS D'INDIENS ICI!" SI TU VEUX BOIRE, IL Y A UN ABREUVOIR DEHORS! ALLEZ, OUSTE! DU VENT! FACE CUIVRÉE!
VISAGE PÂLE VA REGRETTER SES PAROLES!
SNAP
JE CROIS BIEN QUE TU VIENS DE COMMETTRE UNE GROSSE BÊTISE, TEDDY!
SALO
PLUME D'ARGENT VIENT D'ÊTRE NOMMÉ LIEUTENANT! IL VOULAIT FÊTER SES GALONS CHEZ TOI!
NOON?
SI! MÊME QUE C'EST LUI QUI PAYAIT À BOIRE! SEULEMENT, APRÈS CE QUE TU VIENS DE FAIRE, IL INTERDIRA À TOUS LES HOMMES DU FORT DE METTRE LES PIEDS ICI!
CRAC
JE CROIS BIEN QUE TU AS PERDU TES MEILLEURS CLIENTS, MON PAUVRE VIEUX!
BON SANG! VOUS NE POUVIEZ PAS LE DIRE PLUS TÔT!
LOON
EUH... ÇA VA, L'INDIEN! JE RETIRE CE QUE J'AI DIT! JE NE SAVAIS PAS... ET PUIS C'ÉTAIT POUR RIGOLER, QUOI... HÉHÉ!

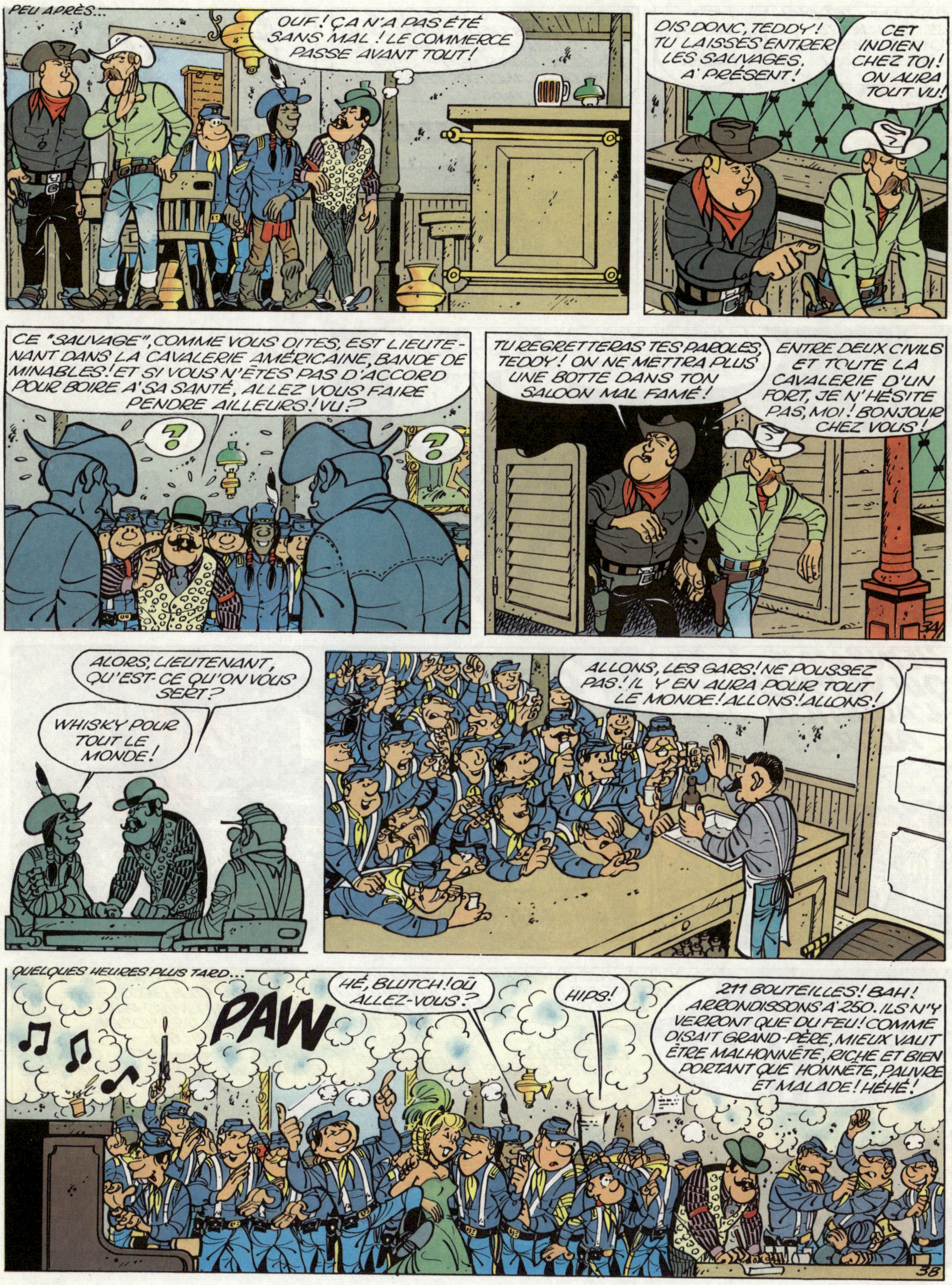
PEU APRÈS...
OUF ! ÇA N'A PAS ÉTÉ SANS MAL ! LE COMMERCE PASSE AVANT TOUT !
DIS DONC, TEDDY ! TU LAISSES ENTRER LES SAUVAGES, À PRÉSENT !
CET INDIEN CHEZ TOI ! ON AURA TOUT VU !
CE "SAUVAGE", COMME VOUS DITES, EST LIEUTENANT DANS LA CAVALERIE AMÉRICAINE, BANDE DE MINABLES ! ET SI VOUS N'ÊTES PAS D'ACCORD POUR BOIRE À SA SANTÉ, ALLEZ VOUS FAIRE PENDRE AILLEURS ! VU ?
?
?
TU REGRETTERAS TES PAROLES, TEDDY ! ON NE METTRA PLUS UNE BOTTE DANS TON SALOON MAL FAMÉ !
ENTRE DEUX CIVILS ET TOUTE LA CAVALERIE D'UN FORT, JE N'HÉSITE PAS, MOI ! BONJOUR CHEZ VOUS !
ALORS, LIEUTENANT, QU'EST-CE QU'ON VOUS SERT ?
WHISKY POUR TOUT LE MONDE !
ALLONS, LES GARS ! NE POUSSEZ PAS ! IL Y EN AURA POUR TOUT LE MONDE ! ALLONS ! ALLONS !
QUELQUES HEURES PLUS TARD...
PAW
HÉ, BLUTCH ! OÙ ALLEZ-VOUS ?
HIPS !
211 BOUTEILLES ! BAH ! ARRONDISSONS À 250. ILS N'Y VERRONT QUE DU FEU ! COMME DISAIT GRAND-PÈRE, MIEUX VAUT ÊTRE MALHONNÊTE, RICHE ET BIEN PORTANT QUE HONNÊTE, PAUVRE ET MALADE ! HÉHÉ !

DIS...hips...TEDDY! JE...JE VAIS TE CONFIER QUELQUE CHOSE...hips!
PARLE, MON GARS!
BLUTCH, ICI!
CET...hips...CET INDIEN, LÀ... IL EST AUSShips LIEUTENANT DANS L'U.S. CAVALRY QUE...hips... MOI GÉNÉRAL DANS LE 1er RÉGIMENT DES LANCIERS DU BENGALE. hips!
QUOI?
M'AVEZ BIEN EU, SERGENT! VOUS ÊTES UN FIEFFÉ MENTEUR.
EUH... PAS TOUT À FAIT, TEDDY!
D'ACCORD, IL N'A PAS ÉTÉ NOMMÉ LIEUTENANT! MAIS LÀ OÙ JE N'AI PAS MENTI, C'EST QUAND J'AI DIT QUE C'EST LUI QUI PAYAIT!
HEIN? MAIS QUI VA PAYER L'ADDITION, ALORS?
BEN, JUSTEMENT, À PRÉSENT, C'EST DIFFICILE À DIRE!
DEHORS! DEHORS!
PAW
PAW
ALORS, PLUME D'ARGENT, CONTENT DE TA SOIRÉE?
LUI QUI DÉTESTE LES BINETTES ROUGES!
MOI HEUREUX! MOI AVOIR VU BINETTE PÂLE DE TEDDY DEVENIR TOUTE ROUGE!
BLUTCH, T'ES MÉCHANT!
SACRÉ SERGENT! IL A BEAU ÊTRE GROS, BÊTE ET LAID, MAIS PARFOIS IL A DE L'IDÉE! SI! SI!
ON N'A MÊME PAS DÛ DÉBOURSER UN CENT!
FIN

printemps dans la prairie

BON SANG, QUEL GÂCHIS!
JE ME DEMANDE CE QUI LES A RENDUS ENRAGÉS À CE POINT-LÀ...
OH! IL FAUT SI PEU DE CHOSE... PAR EXEMPLE, VOUS, À CERTAINS MOMENTS...
QUE VOULEZ-VOUS INSINUER PAR LÀ, BLUTCH?
MOI? RIEN! ABSOLUMENT RIEN, SERGENT!
À MON AVIS, L'UN D'EUX DOIT ÊTRE BLESSÉ!
RENDU FURIEUX PAR SES BLESSURES, IL DOIT SEMER LA PANIQUE PARMI LE TROUPEAU!
OUAIS! BRYAN A RAISON! ÇA DOIT ÊTRE ÇA!
SI ON NE PARVIENT PAS À L'ABATTRE, ÇA RISQUE DE CONTINUER LONGTEMPS!
HÉ! REGARDEZ!
2A
! DEUX MÂLES QUI SE BATTENT! AVEC UN PEU DE CHANCE, LA BÊTE BLESSÉE POURRAIT ÊTRE LÀ!
QUEL EST L'IDIOT QUI VA ALLER S'EN ASSURER?
BOM
PARCE QUE MOI, JE VOUS LE DIS, APPROCHER CES DEUX MASTODONTES QUI SE FONT DES RISETTES AU MILIEU D'UN CHAMP DE TRÈFLE, CE N'EST PAS DU GÂ...
EEEEEEEH! POURQUOI ME REGARDEZ-VOUS COMME ÇA? AH, NON! AH, NON! NON ET NON!
SI!
IL ME HAIT! JE SUIS SÛR QU'IL ME HAIT!
2B

OH! EH! STOP! C'EST FINI, OUI ?
PAW
GRÉÜÜÜÜÜÜÜÜ
GRÉÉÜÜÜÜ
ÇA, JE L'AURAIS PARIÉ !
3A
ALORS ? LA BÊTE BLESSÉE Y EST ?
PAS EU LE TEMPS DE VOIR, SERGENT !
EN TOUT CAS, VOUS AVEZ RÉUSSI À RÉTABLIR L'UNANIMITÉ, BLUTCH ! C'EST FOU CE QU'ILS METTAIENT DU COEUR À VOUS COURIR APRÈS !
ET MOI, JE SENS QUE JE VAIS METTRE DU COEUR À AUTRE CHOSE !
BLUTCH ! T'ES FOU ? RENTRE TON COLT !
BEAUCOUP PLUS TARD...
AVANT DE CONTINUER NOS RECHERCHES, QUE DIRIEZ-VOUS D'UNE LAMPÉE DE WHISKY CHEZ CE BON VIEUX JÉRÉMIE, LES GARS ? C'EST BLUTCH QUI RÉGALE !
HEIN !
C'EST UN ORDRE, CAPORAL !
AH ! DANS CE CAS...
SALOON
3B

SALUT, LA CAVALERIE! QUEL BON VENT VOUS AMÈNE?
SALUT, JÉRÉMIE!
PRIVATE
ON RECHERCHE UN TROUPEAU DE BISONS FOUS! RIEN ENTENDU À CE SUJET, JÉRÉMIE?
OH, SI! ÇA FAIT DES HEURES QU'IL ME CASSE LES PIEDS AVEC SES HISTOIRES DE BÊTES ENRAGÉES... IL FINIRA PAR ME FLANQUER LA FROUSSE!
CROYEZ-MOI, SOLDAT! CES BISONS-LÀ NE SONT PAS COMME LES AUTRES! C'EST LE DIABLE EN PERSONNE QUI LES COMMANDE. SI VOUS AVIEZ VU LEURS YEUX...
FAUT PAS EXAGÉRER!
MALHEUR À CELUI QUI LES POURCHASSERA! IL SERA MAUDIT, PIÉTINÉ PAR EUX, ET SON CORPS LAISSÉ EN PÂTURE AUX VAUTOURS! ...
LA PERTE DE SA FERME LUI A CAUSÉ UN FAMEUX CHOC!
LA MALÉDICTION DES BISONS... OUAIS! ILS DÉTRUIRONT CE SALOON COMME ILS ONT DÉTRUIT MA FERME, PUIS ILS RÉDUIRONT CITY-BOW EN SCIURE DE BOIS... OUAIS!
4A
VENEZ, LES GARS! IL FINIRA PAR ME FLANQUER LE CAFARD, CE VIEUX MABOUL! UNE FOIS QUE LA BÊTE BLESSÉE SERA ABATTUE, TOUT RENTRERA DANS L'ORDRE! PARTONS À LA RECHERCHE DU TROUPEAU!
PAS LA PEINE, SOLDATS! IL VIENDRA BIEN À VOUS!
PRIVATE
ALERTE!
QU'EST-CE QUE JE VOUS DISAIS?
FUYEZ! UN TROUPEAU DE BISONS VOUS FONCE DROIT DESSUS! ON DIRAIT QU'ILS ONT LE DIABLE AUX TROUSSES!
SALOON
WHISKY GIN BRANDY
4B

YAAAA!
HEIN? VOUS N'ALLEZ TOUT DE MÊME PAS CROIRE QUE VOUS ALLEZ ARRÊTER CETTE BANDE D'ENRAGÉS ?
BON SANG! ILS SONT PLUSIEURS CENTAINES... NOUS ALLONS ESSAYER DE LES ARRÊTER! JÉRÉMIE, PASSE-MOI DES CARTOUCHES DE DYNAMITE !
5A
SI, BLUTCH! TÂCHEZ DE RECULER D'UN CENTIMÈTRE, ET J'ENFONCE LA PREMIÈRE CARTOUCHE JUSQU'À VOS AMYGDALES!
IL Y A DES JOURS, JE TROUVE CES SALES BÊTES MOINS DANGEREUSES QUE LUI!
TIREZ EN L'AIR! IL FAUT LES EFFRAYER À TOUT PRIX!
POUR L'INSTANT, C'EST PLUTÔT L'INVERSE!
PAN
ATTENTION! TIREZ-VOUS DE LÀ, LES GARS!
BOUM
5B

CRAC
BOUM
?
MON SALOON!
JE TE L'AVAIS DIT, JÉRÉMIE! C'EST LE DIABLE QUI LES COMMANDE!
SALOON
ILS NE SE SONT PAS ARRÊTÉS! ILS ONT CHANGÉ DE DIRECTION!
OUAIP! ET LA BONNE ENCORE BIEN...
QUE VOULEZ-VOUS DIRE, BLUTCH?
QUE LE VIEUX MABOUL AVAIT RAISON! POUR L'INSTANT, VOUS AVEZ DÉVIÉ LE TROUPEAU DROIT SUR CITY-BOW!
QUOI?
OUAIS, MÔSSIEUR! DANS MOINS D'UNE HEURE, CITY-BOW SERA RAYÉE DE LA CARTE! ET TOUT ÇA, GRÂCE À QUI? HEIN? À QUI?
OSEZ LE DIRE, ESPÈCE D'AHURI, ET JE VOUS FAIS AVALER CE BÂTON DE DYNAMITE!
MON SALOON! *
PEUT-ÊTRE N'EST-IL PAS TROP TARD...
* GROS SANGLOTS
EN SELLE, LES GARS!
MON SALOON!
JE L'AVAIS DIT, JÉRÉMIE!
PAN

QUE COMPTEZ-VOUS FAIRE, SERGENT?
LES FAIRE CHANGER DE ROUTE! NOUS AVONS BIEN RÉUSSI UNE FOIS, ALORS POURQUOI PAS DEUX!
OUAIP! ET QUAND ON AURA FAIT UNE DEUXIÈME BÊTISE, ON POURRA TOUJOURS PRÉPARER LA TROISIÈME!
BROOOMMBOOOOOMBROOOOOOO
RBROOOOOMBOMMBOOMM
BROOOOOOOMM
BOUM
PAN
PAN
RIEN DE CASSÉ, SERGENT?
ÇA VA, BLUTCH! CONTINUEZ À FAIRE DÉVIER LE TROUPEAU, ET QUE LE DIABLE L'EMPORTE! IL FINIRA BIEN PAR S'ARRÊTER!

BEAUCOUP PLUS TARD...
SERGENT, NOUS TENONS A' VOUS FÉLICITER ! SANS VOUS ET VOS HOMMES, CITY-BOW EÛT ÉTÉ ANÉANTIE... SOYEZ CERTAIN QUE TOUT LE PAYS EST DÉJÀ AU COURANT DE VOTRE EXPLOIT, DE VOTRE COURAGE, DE VOTRE ABNÉGATION, DE VOTRE HÉROÏSME... RENTREZ A' FORT BOW LE FRONT HAUT, MES ENFANTS, LA PATRIE ENTIÈRE EST FIÈRE DE VOUS !
PINCEZ-MOI, BLUTCH ! ÇA DOIT ÊTRE UN RÊVE !
J'ESPÈRE QU'IL NE TOURNERA PAS AU CAUCHEMAR COMME D'HABITUDE !
SERGENT CHESTERFIELD ! LE COMMANDANT VOUS MANDE D'URGENCE AU FORT !
QUOI ? LUI AUSSI EST DÉJÀ AU COURANT ? MAIS... MAIS COMMENT A-T-IL DEVINÉ QUE NOUS ÉTIONS ICI ?
GENERAL STORE
IL L'A DEVINÉ, SERGENT ! "CHAQUE FOIS QU'UN CATACLYSME ME TOMBE SUR LE DOS, QU'IL M'A DIT, CORNÉLIUS CHESTERFIELD N'EST PAS LOIN !" ALORS, VOUS VENEZ ?
UN CATACLYSME ? QUEL CATACLYSME ?
AÏEAÏE ! J'AI PEUR DE COMPRENDRE !
LES BISONS ? ILS ONT CONTINUÉ LEUR ROUTE, MON COMMANDANT ! APRÈS AVOIR PASSÉ LEUR RAGE SUR LE FORT, ILS S'EN SONT ALLÉS ! ON AURAIT DIT QU'ILS ÉTAIENT CALMÉS !
BIEN ! REBÂTISSEZ LA PRISON EN PREMIER LIEU ! POUR LE RESTE, ON VERRA APRÈS !
CALMEZ-VOUS, MON COMMANDANT, CE N'EST PAS BON DE S'ÉNERVER COMME ÇA !
REGARDEZ CE BISON MORT ! IL AVAIT ÉTÉ BLESSÉ DE PLUSIEURS BALLES... C'EST CERTAINEMENT LUI QUI ENTRAÎNAIT LES AUTRES !
OUAIP ! MAIS POURQUOI JUSTEMENT PAR ICI ?
HIII... ET JUSTEMENT AUJOURD'HUI ! JE SUIS SÛRE QU'ILS L'ONT FAIT EXPRÈS ! HIH !!!!!!!...
NE PLEUREZ PLUS, MISS AMÉLIE ! ON LE REFERA, VOTRE BAL !
SUIVANT !
FIN

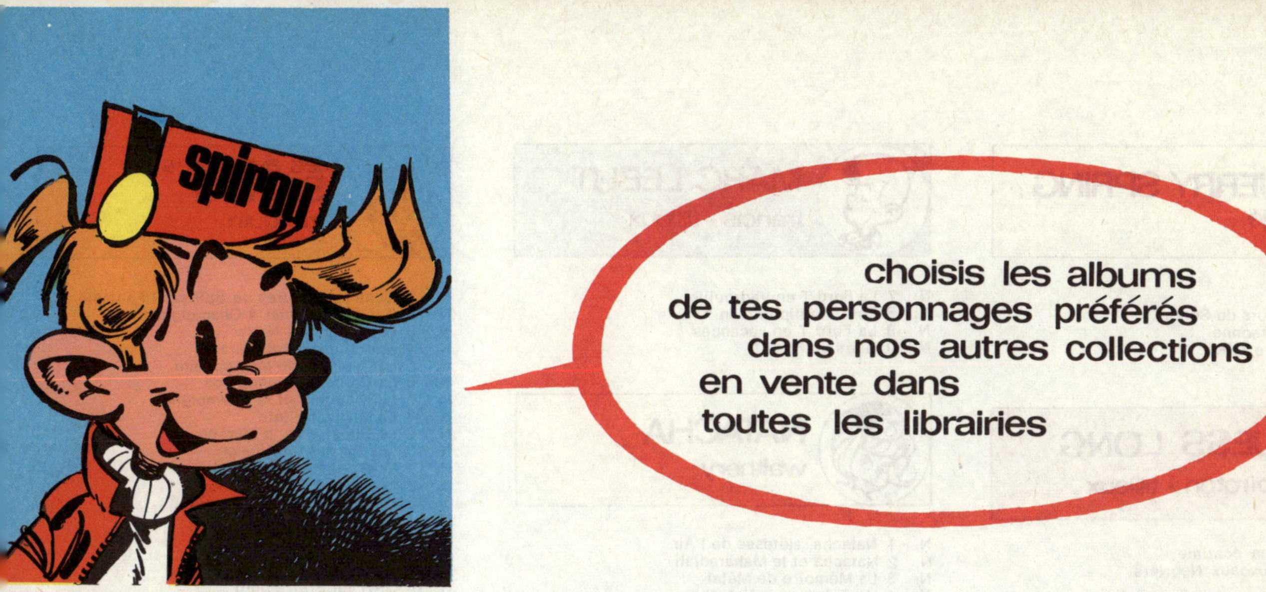

ARCHIE CASH
malik · brouyère

N. 1 Le Maître de l'Epouvante
N. 2 Le Carnaval des Zombies
N. 3 Le Déserteur de Toro-Toro

ATTILA
derib · rosy

N. 4 La merveilleuse Surprise d'Odée

BUCK DANNY
charlier · hubinon

N. 1 Les Japs attaquent
N. 2 Les Mystères de Midway
N. 3 La Revanche des Fils du Ciel
N. 4 Les Tigres Volants
N. 5 Dans les Griffes du Dragon Noir
N. 6 Attaque en Birmanie
N. 7 Les Trafiquants de la Mer Rouge
N. 8 Les Pirates du Désert
N. 9 Les Gangsters du Pétrole
N. 10 Pilotes d'Essai
N. 11 Ciel de Corée
N. 12 Avions sans Pilotes
N. 13 Un Avion n'est pas rentré
N. 14 Patrouille à l'Aube
N. 15 NC 22654 ne répond plus
N. 16 Menace au Nord
N. 17 Buck Danny contre Lady X
N. 18 Alerte en Malaisie
N. 19 Le Tigre de Malaisie
N. 20 S.O.S. Soucoupes Volantes
N. 21 Un Prototype a disparu
N. 22 Top Secret
N. 23 Mission vers la Vallée Perdue
N. 24 Prototype FX 13
N. 25 Escadrille ZZ
N. 26 Le Retour des Tigres Volants
N. 27 Les Tigres Volants à la rescousse
N. 28 Tigres Volants contre Pirates
N. 29 Opération Mercury
N. 30 Les Voleurs de Satellites
N. 31 X-15
N. 32 Alerte à Cap Kennedy
N. 33 Le Mystère des Avions Fantômes
N. 34 Alerte atomique
N. 35 L'Escadrille de la Mort
N. 36 Les Anges Bleus
N. 37 Le Pilote au Masque de Cuir
N. 38 La Vallée de la Mort verte

Tarawa, Atoll sanglant, 1re partie
Tarawa, Atoll sanglant, 2e partie

BENOIT BRISEFER
peyo

N. 1 Les Taxis Rouges
N. 2 Madame Adolphine
N. 3 Les Douze Travaux de Benoît Brisefer
N. 4 Tonton Placide
N. 5 Le Cirque Bodoni
N. 6 Lady d'Olphine

BOULE et BILL
roba

60 Gags de Boule et Bill 1
60 Gags de Boule et Bill 2
60 Gags de Boule et Bill 3
60 Gags de Boule et Bill 4
60 Gags de Boule et Bill 5
60 Gags de Boule et Bill 6
60 Gags de Boule et Bill 7
N. 8 Papa, Maman, Boule... et moi
N. 9 Une Vie de Chien
N. 10 Attention, Chien marrant !
N. 11 Jeux de Bill
N. 12 Ce Coquin de Cocker

la patrouille des CASTORS
mitacq · charlier

N. 1 Le Mystère de Grosbois
N. 2 Le Disparu de Ker-Aven
N. 3 L'Inconnu de la Villa Mystère
N. 4 Sur la Piste de Mowgli
N. 5 La Bouteille à la Mer
N. 6 Le Trophée de Rochecombe
N. 7 Le Secret des Monts Tabou
N. 8 Le Hameau englouti
N. 9 Le Traître sans Visage
N. 10 Le Signe indien
N. 11 Les Loups Ecarlates
N. 12 Menace en Camargue
N. 13 La Couronne cachée
N. 14 Le Chaudron du Diable
N. 15 L'Autobus hanté
N. 16 Le Fantôme
N. 17 Le Pays de la Mort
N. 18 Les Démons de la Nuit
N. 19 Vingt Milliards sous la Terre

CESAR
tillieux

N. 3 Quel Métier
N. 4 Au fil des (mauvais) Jours

DON BOSCO
jijé

GASTON
franquin

N. R1 Gala de Gaffes à Gogo
N. R2 Le Bureau des Gaffes en Gros
N. R3 Gare aux Gaffes du Gars gonflé
N. R4 En direct de la Gaffe
N. 6 Des Gaffes et des Dégâts
N. 7 Un Gaffeur sachant gaffer
N. 8 Lagaffe nous gâte
N. 9 Le Cas Lagaffe
N. 10 Le Géant de la Gaffe
N. 11 Gaffes, Bévues et Boulettes
N. 12 Le Gang des Gaffeurs

M. Rectitude et GENIAL OLIVIER
devos

N. 1 L'Ecole en folie
N. 2 Le Génie et sa Génération
N. 3 Génie, vidi, vici

GIL JOURDAN
tillieux

N. 1 Libellule s'évade
N. 2 Popaïne et Vieux Tableaux
N. 3 La Voiture immergée
N. 4 Les Cargos du Crépuscule
N. 5 L'Enfer de Xique-Xique
N. 6 Surboum sur 4 Roues
N. 7 Les Moines Rouges
N. 8 Les 3 Taches
N. 9 Le Gant à 3 Doigts
N. 10 Le Chinois à 2 Roues
N. 11 Chaud et Froid
N. 12 Pâtée explosive
N. 13 Carats en vrac
N. 14 Gil Jourdan et les Fantômes
N. 15 Sur la Piste d'un 33 Tours

L'HISTOIRE en bandes dessinées

N. 1 L'Epopée sanglante du Far West
N. 2 Les Mystérieux Chevaliers de l'Air
N. 3 Incroyables Aventures d'Animaux
N. 4 L'Enfer sur Mer

HULTRASSON
vittorio · tillieux

N. 4 L'Eau de Politesse

JERRY SPRING
jijé

N. 1 Le Duel
N. 2 Les Vengeurs du Sonora
N. 3 L'Or de personne
N. 4 Jerry contre KKK

JESS LONG
piroton · tillieux

N. 1 Le Bouddha écarlate
et Les Nouveaux Négriers

JOHAN et PIRLOUIT
peyo

N. 1 Le Châtiment de Basenhau
N. 2 Le Maître de Roucybeuf
N. 3 Le Lutin du Bois aux Roches
N. 4 La Pierre de Lune
N. 5 Le Serment des Vikings
N. 6 La Source des Dieux
N. 7 La Flèche Noire
N. 8 Le Sire de Montrésor
N. 9 La Flûte à Six Schtroumpfs
N. 10 La Guerre des 7 Fontaines
N. 11 L'Anneau des Castellac
N. 12 Le Pays Maudit
N. 13 Le Sortilège de Maltrochu

KHÉNA et le SCRAMEUSTACHE
gos

N. 1 L'Héritier de l'Inca
N. 2 Le Magicien de la Grande Ourse
N. 3 Le Continent des deux Lunes

les KROSTONS
deliège

N. 1 Balade pour un Kroston

LUCKY LUKE
morris

N. 1 La Mine d'Or de Dick Digger
N. 2 Rodéo
N. 3 Arizona
N. 4 Sous le Ciel de l'Ouest
N. 5 Lucky Luke contre Pat Poker
N. 6 Hors-la-Loi
N. 7 L'Elixir du Docteur Doxey
N. 8 Lucky Luke contre Phil Defer
N. 9 Des Rails sur la Prairie
N. 10 Alerte aux Pieds Bleus
N. 11 Lucky Luke contre Joss Jamon
N. 12 Les Cousins Dalton
N. 13 Le Juge
N. 14 Ruée sur l'Oklahoma
N. 15 L'Evasion des Dalton
N. 16 En remontant le Mississippi
N. 17 Sur la Piste des Dalton
N. 18 A l'Ombre des Derricks
N. 19 Les Rivaux de Painful-Gulch
N. 20 Billy The Kid
N. 21 Les Collines noires
N. 22 Les Dalton dans le Blizzard
N. 23 Les Dalton courent toujours
N. 24 La Caravane
N. 25 La Ville Fantôme
N. 26 Les Dalton se rachètent
N. 27 Le 20e de Cavalerie
N. 28 L'Escorte
N. 29 Des Barbelés sur la Prairie
N. 30 Calamity Jane
N. 31 Tortillas pour les Dalton

MARC LEBUT
francis · tillieux

N. 7 La Ford T en Vadrouille
N. 8 Ford T antipollution
N. 9 La Ford T en vacances
N. 10 Gags en Ford T

NATACHA
walthéry

N. 1 Natacha, Hôtesse de l'Air
N. 2 Natacha et le Maharadjah
N. 3 La Mémoire de Métal
N. 4 Un Trône pour Natacha

PAUL FORAN
gil · montero

N. 1 Chantage à la Terre

les PETITS HOMMES
seron · hao

N. 3 Les Guerriers du Passé
N. 4 Le Lac de l'Auto
N. 5 L'Œil du Cyclope

SAMMY
berck · cauvin

N. 1 Bons Vieux pour les Gorilles
et Robots pour les Gorilles
N. 2 Rhum Row
N. 3 El Presidente
N. 4 Les Gorilles marquent des Poings
et Gorilles et Spaghetti
N. 5 Le Gorille à huit Pattes
N. 6 Les Gorilles font les Fous

les SCHTROUMPFS
peyo

N. 1 Les Schtroumpfs Noirs
N. 2 Le Schtroumpfissime
N. 3 La Schtroumpfette
N. 4 L'Œuf et les Schtroumpfs
N. 5 Les Schtroumpfs et le Cracoucass
N. 6 Le Cosmoschtroumpf
N. 7 L'Apprenti Schtroumpf
N. 8 Histoires de Schtroumpfs
N. 9 Schtroumpf vert et Vert Schtroumpf

SIBYLLINE
macherot

N. 3 Sibylline et les Abeilles
N. 4 Sibylline et le petit Cirque
N. 5 Sibylline s'envole

SOPHIE
jidéhem

N. 8 Les Bonheurs de Sophie (2e série)
N. 9 Sophie et la Tiare de Matlotl Halatomatl
N. 10 Sophie et le Douanier Rousseau
N. 11 Sophie et le Souffle du Dragon

les aventures de SPIROU
franquin

N. 1 Quatre Aventures de Spirou et Fantasio
N. 2 Il y a un Sorcier à Champignac
N. 3 Les Chapeaux Noirs
N. 4 Spirou et les Héritiers
N. 5 Les Voleurs du Marsupilami
N. 6 La Corne de Rhinocéros
N. 7 Le Dictateur et le Champignon
N. 8 La Mauvaise Tête
N. 9 Le Repaire de la Murène
N. 10 Les Pirates du Silence
N. 11 Le Gorille a bonne mine
N. 12 Le Nid des Marsupilamis
N. 13 Le Voyageur du Mésozoïque
N. 14 Le Prisonnier du Bouddha
N. 15 Z comme Zorglub
N. 16 L'Ombre du « Z »
N. 17 Spirou et les Hommes-Bulles
N. 18 QRN sur Bretzelburg
N. 19 Panade à Champignac
N. 24 Tembo Tabou
Péchés de jeunesse N. 1 L'Héritage

fournier

N. 20 Le Faiseur d'Or
N. 21 Du Glucose pour Noémie
N. 22 L'Abbaye truquée
N. 23 Toratorapa
N. 25 Le Gri-Gri du Niokolo-Koba
N. 26 Du Cidre pour les Etoiles

TIF et TONDU
will · rosy

N. 4 Tif et Tondu contre la Main Blanche
N. 5 Le Retour de Choc
N. 6 Passez Muscade
N. 7 Plein Gaz
N. 8 La Villa du Long-Cri
N. 9 Choc au Louvre
N. 10 Les Flèches de nulle part
N. 11 La Poupée ridicule

will · tillieux

N. 20 Les Ressuscités
N. 21 Le Scaphandrier mort
N. 22 Un Plan démoniaque
N. 23 Tif et Tondu à New York

les TUNIQUES BLEUES
salverius · cauvin

N. 1 Un Chariot dans l'Ouest
N. 2 Du Nord au Sud
N. 3 Et pour 1.500 $ en plus
N. 4 Outlaw

lambil · cauvin

N. 5 Les Déserteurs
N. 6 La Prison de Robertsonville
N. 7 Les Bleus de la Marine
N. 8 Les Cavaliers du Ciel

VIEUX NICK
remacle

N. 5 Les Mutinés de la « Sémillante »
N. 17 Barbe-Noire joue et perd
N. 18 Le Feu de la Colère
N. 19 Sous la Griffe de Lucifer

YOKO TSUNO
leloup

N. 1 Le Trio de l'Etrange
N. 2 L'Orgue du Diable
N. 3 La Forge de Vulcain
N. 4 Aventures électroniques
N. 5 Message pour l'Eternité
N. 6 Les 3 Soleils de Vinéa